Tu mundo

# SECRETOS de los supermercados

Multiplicación

Michelle Jovin, M.A.

## Asesoras

**Michele Ogden, Ed.D**
Directora, Irvine Unified School District

**Jennifer Robertson, M.A.Ed.**
Maestra, Huntington Beach City School District

**Créditos de publicación**

Rachelle Cracchiolo, M.S.Ed., *Editora comercial*
Conni Medina, M.A.Ed., *Gerente editorial*
Dona Herweck Rice, *Realizadora de la serie*
Emily R. Smith, M.A.Ed., *Realizadora de la serie*
Diana Kenney, M.A.Ed., NBCT, *Directora de contenido*
Stacy Monsman, M.A., *Editora*
Kevin Panter, *Diseñador gráfico*

**Créditos de imágenes:** pág. 8 Universal History Archive/UIG
via Getty Images; págs. 8–9 Design Pics Inc/Alamy Stock Photo;
pág. 13 Internet Archive; pág. 14 Sara Stathas/Alamy Stock
Photo; pág. 18 Brian Yarvin/Alamy Stock Photo; todas las demás
imágenes de iStock y/o Shutterstock.

### Teacher Created Materials

5301 Oceanus Drive
Huntington Beach, CA 92649-1030
http://www.tcmpub.com

**ISBN 978-1-4258-2880-6**

© 2018 Teacher Created Materials, Inc.
Made in China
Nordica.102017.CA21701218

# Contenido

# La excursión

La clase del señor Mendoza está entusiasmada: ¡es día de excursión! Y hoy, los estudiantes visitarán el mercado local, El Súper Fresco. Cuando bajan del autobús, ven a la señora Khan, la dueña del mercado, que los está esperando.

El señor Mendoza le cuenta a la señora Khan que sus estudiantes han estado aprendiendo la **multiplicación**. "Encontrarán mucho de eso aquí", dice ella. Los estudiantes están confundidos. No ven nada parecido a las **ecuaciones** que hacen en clase. ¿Dónde están los **factores**? Y sin los factores, ¿cómo pueden hallar el **producto**? La señora Khan les promete que verán todo eso cuando caminen por la tienda.

Antes de comenzar, Tiago ve un exhibidor con 3 bolsas de peras. Cada bolsa tiene 6 peras. Tiago multiplica 3 grupos de 6 para descubrir que hay 18 peras en el exhibidor. Tiago se lo hace notar a la señora Khan. "Es correcto —responde ella—. Ya estamos aprendiendo!".

# Secciones de la tienda

—Bueno —comienza a decir la señora Khan—, ¿han pensado alguna vez por qué los mercados tienen la distribución que tienen?

—¿Es para que las personas sepan dónde encontrar las cosas? —pregunta Víctor.

—Seguro que esa es parte de la razón —dice la señora Khan—. Pero los dueños de los mercados quieren que las personas estén dentro de su tienda todo el tiempo posible. Cuanto más tiempo están, tanto más probable es que compren cosas. Muchos mercados tienen la entrada junto a la panadería, la sección de frutas y verduras o la florería. Estos artículos se ven frescos e invitan a la gente a entrar. Estas áreas también son muy luminosas. Eso hace que los clientes se decidan rápido.

Los estudiantes miran alrededor y ven flores radiantes, frutas frescas y verduras crujientes. El aroma a pan recién horneado les resulta tentador. "La señora Khan tenía razón —piensa Jared—. ¡Quiero comprar todo lo que hay aquí!".

Lácteos

Carnes y pescados

Charcutería

A granel

Panadería

Frutas y verduras

Línea de cajas

Florería

SALIDA

Revistas

Tarjetas de regalo

ENTRADA

SUPERMERCADO

Florería

Panadería

7

# Las orillas

La señora Khan comienza el recorrido diciendo que los compradores que buscan los productos más frescos deben quedarse cerca de las paredes de la tienda. Allí es donde están las frutas y verduras, el pan, los lácteos y la carne. Los **pasillos** del centro de la tienda tienen productos enlatados y otros no perecederos.

Carnicería alrededor de 1900

MEAT MARKET
JOHN TORENG.

Mientras los estudiantes pasan por la charcutería, la señora Khan les cuenta la historia de los mercados. Las personas tenían que ir a tiendas distintas para comprar carne, lácteos y pan. Los mercados reunieron todo eso en un solo lugar. A la gente le gustó la idea de ir a una sola tienda, así que los mercados se convirtieron en lo más común en toda la nación.

La señora Khan pasa por la charcutería.

—¿Quién puede decirme cuántas personas están haciendo fila? —pregunta a la clase.

Tiago comienza a contar. Pero Ángela pronto sabe la respuesta. Ella ve 2 filas con 6 personas en cada fila. Ángela multiplica 2 grupos de 6 y le dice a la señora Khan que hay 12 personas en la fila.

—Correcto, Ángela —dice con orgullo el señor Mendoza.

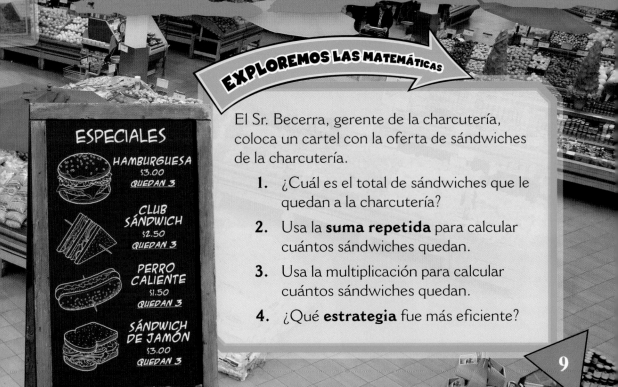

## EXPLOREMOS LAS MATEMÁTICAS

**ESPECIALES**

HAMBURGUESA
$3.00
QUEDAN 3

CLUB SÁNDWICH
$2.50
QUEDAN 3

PERRO CALIENTE
$1.50
QUEDAN 3

SÁNDWICH DE JAMÓN
$3.00
QUEDAN 3

El Sr. Becerra, gerente de la charcutería, coloca un cartel con la oferta de sándwiches de la charcutería.

1. ¿Cuál es el total de sándwiches que le quedan a la charcutería?

2. Usa la **suma repetida** para calcular cuántos sándwiches quedan.

3. Usa la multiplicación para calcular cuántos sándwiches quedan.

4. ¿Qué **estrategia** fue más eficiente?

# Lácteos

La señora Khan continúa caminando por una orilla de la tienda. La siguiente parada en la excursión es la sección de lácteos.

La señora Khan le presenta los niños al señor Tran. El señor Tran es el gerente del sector de lácteos.

—La mayoría de los mercados colocan los lácteos en la parte trasera de la tienda por ciertas razones —dice el señor Tran—. Primero, es mejor para los productos lácteos que solo se trasladen una corta distancia desde los camiones de reparto hasta los refrigeradores. ¡No queremos que los lácteos frescos **se echen a perder**! Además, la mayoría de los compradores seguro tienen algún artículo de esta sección en la lista. Cuanto más lejos tengan que caminar los clientes, más probable es que compren alguna cosa más.

Kai y Gabriela miran con asombro todo a su alrededor; ¡no tenían idea de que había que pensar tantas cosas al diseñar una tienda!

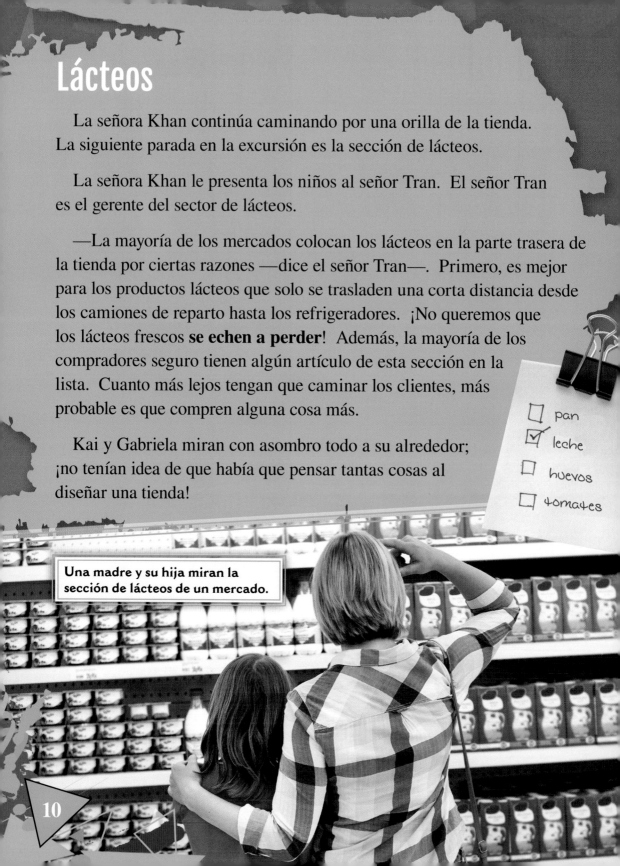

☐ pan
☑ leche
☐ huevos
☐ tomates

Una madre y su hija miran la sección de lácteos de un mercado.

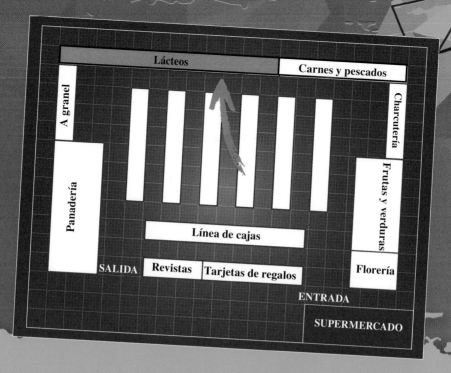

El señor Tran señala los envases de leche en el refrigerador.

—Miren la **disposición en filas y columnas** de la leche. ¿Alguien me puede decir cuántos envases hay?

Mark levanta la mano.

—Quince envases de leche, señor Tran —responde Mark—. Hay tres filas de cinco envases.

—¡Muy bien! —exclama cl señor Tran. El señor Mendoza le hace una seña de aprobación a Mark mientras continúan caminando.

11

Cuando Juan pasa por el exhibidor de margarina, ve una marca que le gusta usar a su abuela cuando hornea pasteles. El señor Tran lo ve y también se detiene.

—¿Sabían que la margarina no siempre fue amarilla? —pregunta el señor Tran—. De hecho, antes era blanca, roja, marrón, negra ¡y hasta rosa! —Todos los estudiantes se rieron al pensar en una margarina rosa—. Así es —continúa el señor Tran—. Por ley, la margarina debía venderse en otro color que no fuera el amarillo. Las personas podían colorearla de amarillo en casa. En 1950, la ley cambió. Por fin la margarina pudo venderse del mismo color amarillo que la mantequilla.

La clase del señor Mendoza se queda mirando la mantequilla y la margarina a medida que caminan. Juan no puede evitar pensar cómo se verían sus galletas favoritas si fueran de un rosa brillante.

El señor Tran organiza la margarina en una disposición en filas y columnas. Hay 10 filas con 4 cajas cada una.

1. ¿Cuántas cajas de margarina hay en el exhibidor?

2. Si cada caja de margarina tiene 5 centímetros de alto, ¿cuánto mide de alto una pila de 10 cajas?

Publicidad de margarina de 1947

Cabecera de góndola con cajas de granola

14

# Diseño de los pasillos

La señora Khan continúa el recorrido por el pasillo central, donde la señora Baena, una empleada de depósito, los está esperando.

—¿Por qué hay artículos al final de algunos pasillos? —pregunta Karla.

—Las empresas les pagan a los mercados para que coloquen sus productos en determinados lugares dentro de la tienda —responde la señora Baena—. Uno de esos lugares es el final del pasillo. Se llama "cabecera de góndola". Más personas verán los artículos en la cabecera que en el pasillo. Entonces, quizá más personas los compren.

Mientras los estudiantes caminan por el centro del pasillo, la señora Baena agrega algo más.

—Queremos que los compradores se queden dentro de nuestra tienda. Así gastan más dinero. Por lo tanto, los artículos más populares se ubican en el centro de los pasillos. De ese modo, las personas tienen que caminar hasta la mitad de un pasillo para encontrar lo que quieren. Posiblemente vean algo más mientras caminan hacia lo que quieren comprar.

Los estudiantes están asombrados. ¡Cuánta planificación lleva una tienda!

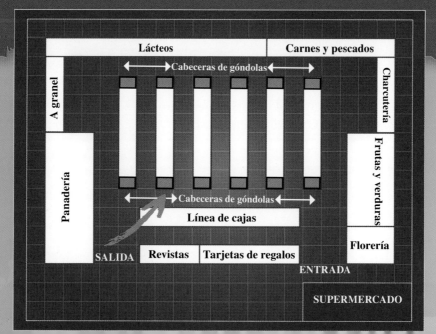

# Ubicación de los productos

La señora Baena señala un paquete de botellas de agua en el estante central.

—¿Qué les llama la atención acerca de los productos que están por encima o por debajo de este estante? —pregunta. Los estudiantes miran hacia arriba y hacia abajo.

—Ese paquete de botellas de agua cuesta más que el agua que está arriba y abajo —responde Nika.

—¡Correcto! —dice la señora Baena—. Los mercados tratan de ganar más dinero poniendo los artículos más caros en los estantes centrales. Allí es donde mira primero la mayoría de la gente. Los productos más baratos van por encima o por debajo. Los productos para niños también irán en los estantes inferiores. Si los niños ven un paquete colorido y atractivo, podrían pedirles a sus padres que se lo compren.

EXPLOREMOS LAS MATEMÁTICAS

Un paquete de botellas de agua en el estante inferior cuesta $7.

1. Si un paquete de botellas de agua en el estante central cuesta 2 veces más, ¿cuánto costará el agua del estante central?

2. Por lo tanto, ¿cuánto costarían 3 paquetes del agua del estante inferior? ¿Cuánto costarían 3 paquetes del agua del estante central?

$7.00

Mientras la excursión continúa, los estudiantes pasan por el pasillo de los refrescos. Los estudiantes ven un exhibidor colorido de cerveza de raíz en el estante central. Miguel le cuenta a Tammy que la cerveza de raíz es su bebida favorita. "Podría beber cerveza de raíz con cada comida por el resto de mi vida", dice Miguel.

El señor Castro, abastecedor de refrescos, escucha a Miguel y le pregunta si sabe de dónde proviene la cerveza de raíz.

—Como su nombre lo indica, la cerveza de raíz proviene de raíces. Raíces de sasafrás, para ser más específico. Tan solo hierve las raíces, agrega algunas especias y puedes obtener una cerveza de raíz casera ¡en minutos!

—¡Eso suena genial! —dice Miguel con emoción. Se acerca su cumpleaños, y piensa en lo divertido que sería hacer su propia cerveza de raíz. "Le voy a pedir a mi papá que me lleve de compras después", piensa entusiasmado.

Raíces de sasafrás

Miguel va a invitar a los 19 compañeros de clase a su fiesta de cumpleaños.

1. Si Miguel quiere que a sus compañeros les toquen 2 vasos de cerveza de raíz cada uno, ¿cuántos vasos de cerveza de raíz debería preparar? (¡No olvides incluir a Miguel!).

2. ¿Y si Miguel decide que quiere que todos tomen 3 vasos de cerveza de raíz en lugar de 2? ¿Cómo cambiarán su estrategia y su solución?

19

Al doblar en la esquina de un pasillo, Stacy ve la sección de tarjetas de regalo. ¡Este es el lugar perfecto para el producto! Esto le recuerda que se acerca el cumpleaños de Miguel. "Tal vez podría regalarle una de estas tarjetas de regalo", piensa.

—¿Cómo funcionan las tarjetas de regalo, señora Khan? —pregunta Stacy.

—Creo que la señora Barr, de servicio al cliente, lo puede explicar —dice la señora Khan.

—¡Claro que sí! —responde la señora Barr—. Primero, el cliente paga una tarjeta de regalo en el mercado. El mercado le avisa a la tienda o al banco el monto, y la tarjeta se vuelve **activa**. Luego, el cliente puede usar la tarjeta como si fuera efectivo. El mercado toma parte del dinero. El resto va a la empresa proveedora de la tarjeta de regalo. Pero las personas tienen que usar las tarjetas. ¡Cada año, se gastan más de siete mil millones de dólares en tarjetas de regalo que no se usan! La empresa puede quedarse con el dinero. Algunos estados intentan devolver el dinero. Pero es difícil encontrar a la persona que compró la tarjeta de regalo.

Stacy piensa en sus opciones. Ve una tarjeta de regalo para El Puesto de Sue. Tienen la mejor cerveza de raíz de la ciudad. Está segura de que Miguel no la va a desperdiciar. Stacy regresará antes del cumpleaños de Miguel para comprar la tarjeta de regalo.

1. ¿Cuánto dinero gastará Stacy si compra 3 tarjetas de regalo a $10 cada una?

2. Un vaso de cerveza de raíz en El puesto de Sue cuesta $3. ¿Cuánto costarán 4 vasos?

3. ¿Una tarjeta de regalo de $15 será suficiente para que Miguel beba 3 vasos de cerveza de raíz? ¿Le sobrará algo? Si es así, ¿cuánto?

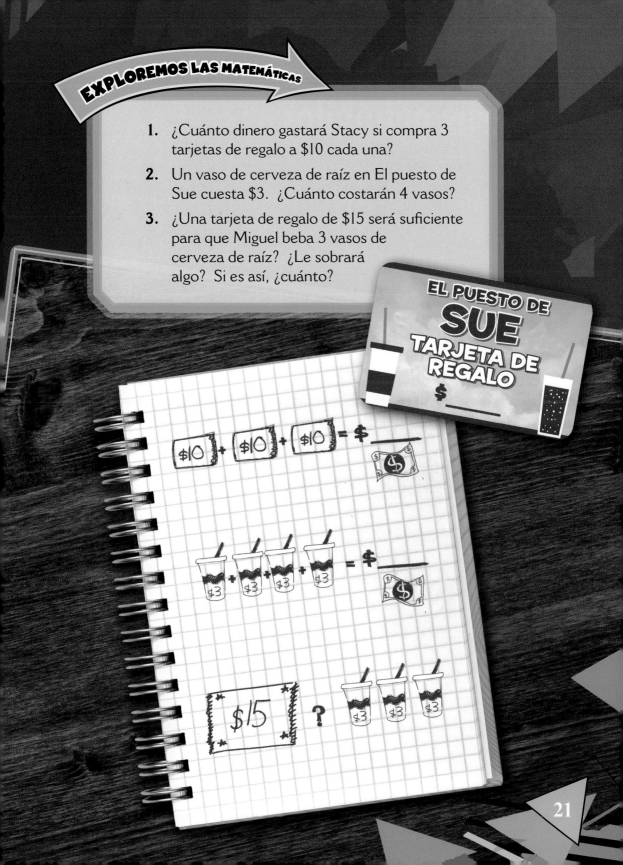

# Cajeros ocupados

—La parada final de los clientes es la línea de cajas, atendidas por amables cajeros. Aquí es donde los cajeros escanean los artículos y reciben el pago de los compradores —dice la señora Khan.

"Las matemáticas son muy importantes en este trabajo", piensa Sam.

—Las computadoras nos ayudan a sumar los precios de los artículos y a llevar un control del **inventario** —dice el señor Lund, el cajero.

Los estudiantes observan cuando el señor Lund escanea una botella de agua. La pantalla muestra $1 sumado al total. El señor Lund se da cuenta entonces de que el cliente tiene 15 botellas más de agua.

Mr. Lund

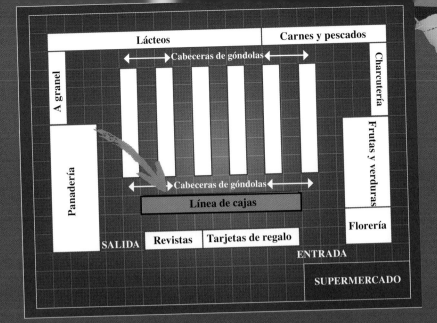

—¿Qué puede hacer el señor Lund para obtener el precio total de todas las botellas de agua? —pregunta el señor Mendoza.

—Puede escanear cada botella de agua; así la computadora las suma —responde Jairo.

—Sí, podría hacer eso. ¿A alguien se le ocurre una forma más rápida? —pregunta el señor Mendoza.

—Puede multiplicar $1 por 16 para hallar el precio total —dice Ana.

—Correcto —dice el señor Mendoza—. Ambas estrategias darán el mismo resultado.

## EXPLOREMOS LAS MATEMÁTICAS

1. ¿Cuánto costarán 16 botellas de agua si cada una cuesta $1?

2. Jairo piensa que el señor Lund debería usar la suma repetida para hallar el total. Ana piensa que debería usar la multiplicación. ¿Qué estrategia usarías tú? ¿Por qué?

# Fin de la excursión

—Bien, estudiantes, este es el final de la excursión —dice la señora Khan. El grupo se dirige a la salida—. Pero antes —continúa—, ¿qué tal un último dato divertido? ¿Alguien sabe por qué este mercado solo tiene una salida?

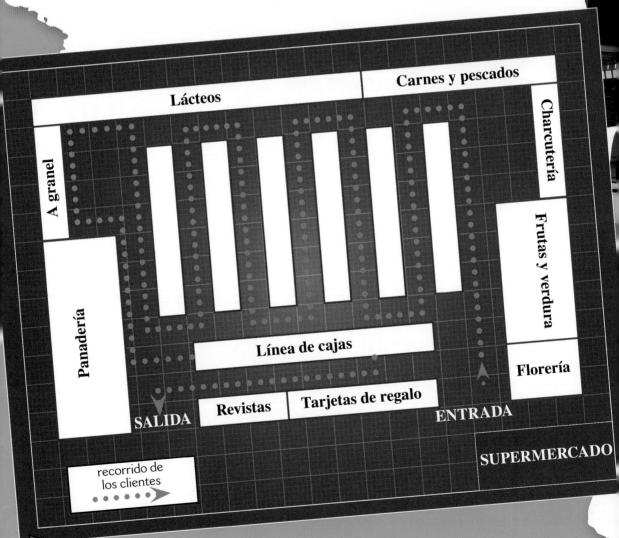

Lácteos

Carnes y pescados

Charcutería

A granel

Frutas y verdura

Panadería

Línea de cajas

Florería

Revistas

Tarjetas de regalo

SALIDA

ENTRADA

SUPERMERCADO

recorrido de los clientes

Sid levanta la mano.

—¿Es porque así los clientes tendrán que caminar por más lugares de la tienda para llegar a la salida? —pregunta.

—¡Así es! —responde la señora Khan—. Al haber una sola salida, el cliente podría ver algo que quiera comprar en el camino.

Sid sonríe al pensar en todo lo que ha aprendido. Los mercados planifican cuidadosamente dónde deben ir los productos. ¡Jamás imaginó que se pensara tanto la distribución dentro de una tienda! Está ansioso por contarles a sus padres sobre la excursión.

Los estudiantes están tristes porque el paseo ha llegado a su fin. Pero están emocionados de poder compartir todo lo aprendido al volver a la escuela. Y pudieron practicar sus conocimientos matemáticos fuera de la clase.

La señora Khan acompaña a la clase hasta la salida. "Espero que todos hayan aprendido algo acerca de cómo funcionan los mercados. Espero que hayan visto que las matemáticas están en todos lados". Desde la disposición de la leche en filas y columnas hasta los cajeros escaneando productos, los estudiantes ahora ven que hay muchas maneras de multiplicar en el mercado.

La clase se despide de la señora Khan al subir al autobús. Los estudiantes se ponen a prueba haciéndose preguntas sobre matemáticas en el camino de regreso a la escuela. Piensan que es la mejor manera de extender la diversión que vivieron ese día en el mercado.

# 🔩 Resolución de problemas

Bella y Pedro quieren preparar un pastel para agradecerle al señor Mendoza por la excursión. Deciden hablar con la señora Khan para ver qué cree que deben comprar. Pero cuando llegan a la tienda, el panadero les dice que es el día libre de la señora Khan. Tendrán que decidir por sí solos qué comprar.

Por suerte, el papá de Pedro sabe cómo hacer un delicioso pastel de vainilla. Les da una lista de ingredientes que necesitarán comprar. Usa la lista para responder las preguntas sobre lo que Bella y Pedro tienen planeado hacer.

1. La receta que les da el papá de Pedro es para 10 personas. ¿Qué le deberían hacer a la lista de ingredientes si quieren hornear un pastel para 20 personas?

2. Bella y Pedro también quieren hornear un pastel para la señora Khan. Si Bella y Pedro hornean 3 pasteles, ¿cuántas tazas de harina deberían comprar?

3. Pedro piensa que si colorea de rosa la margarina antes de hornear el pastel, a la señora Khan le resultará gracioso. Si se necesitan 7 gotas de colorante de alimentos rosa para colorear 1 pastel, ¿cuántas gotas de colorante rosa se necesitarán para colorear 3 pasteles?

2 tazas de azúcar

3 tazas de margarina

4 huevos

3 tazas de harina

2 cucharaditas
de extracto
de vainilla

1 taza de leche

# Glosario

**activa**: que está en
funcionamiento

**disposición en filas y
columnas**: un grupo de
objetos organizados en
igual cantidad de columnas
que de filas

**ecuaciones**: enunciados
numéricos que usan un
signo igual

**estrategia**: un método
pensado para obtener un
objetivo en particular

**factores**: los números que
puedes multiplicar para
obtener otro número

**inventario**: el registro de una
tienda que muestra qué
artículos se transportan y
cuántos hay disponibles

**multiplicación**: el acto o
proceso de multiplicar
números

**pasillos**: espacios con
estanterías en ambos lados
por donde las personas
recorren las tiendas

**producto**: un número que se
obtiene de la multiplicación
de números

**se echen a perder**: se
deterioren o pierdan la
frescura

**suma repetida**: sumar el
mismo número una y otra
vez

# Índice

# Soluciones

## Exploremos las matemáticas

### página 9:

1. 12 sándwiches
2. 3 + 3 + 3 + 3 = 12 sándwiches
3. 3 × 4 = 12 sándwiches
4. Respuesta posible: Preferí la multiplicación porque tiene menos pasos, por lo que hallé la respuesta más rápido.

### página 13:

1. 40 cajas de margarina
2. 50 centímetros por pila

### página 16:

1. $14 por paquete
2. $21 por 3 paquetes del agua del estante inferior; $42 por 3 paquetes del agua del estante central

### página 19:

1. 40 vasos de cerveza de raíz
2. Miguel tendrá que multiplicar todo por 3 en lugar de por 2. 20 invitados × 3 vasos por invitado = 60 vasos de cerveza de raíz

### página 21:

1. $30
2. $12
3. Sí, porque 3 vasos cuestan $9, y $9 es menos que $15. Le sobrarán $6.

### página 23:

1. $16
2. Las respuestas pueden variar, pero podrían incluir: Creo que el señor Lund debería usar la multiplicación porque sumar 16 botellas de agua va a tomar más tiempo.

## Resolución de problemas

1. Deberían multiplicar todos los ingredientes por 2 porque 10 × 2 = 20.
2. 3 tazas de harina por pastel × 3 pasteles = 9 tazas de harina
3. 7 gotas por pastel × 3 pasteles = 21 gotas de colorante de alimentos rosa